Tous à l'eau ! Prêts ! Partez !

MON JOURNAL DE VACANCES
Le Petit Nicolas

Ce journal appartient à :

Nom ....

Prénom ....

Adresse ....

Téléphone ....

Il y aura une récompense pour celui qui me rapporte ce journal. La récompense est :

....

Où habites-tu ?

*Où habitent les membres de ta famille ?
Place leurs prénoms sur la carte.*

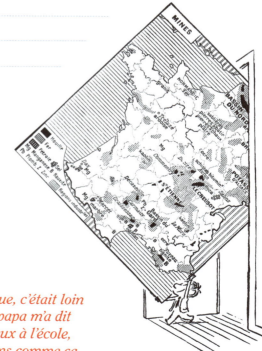

*Moi, j'ai demandé si l'Atlantique, c'était loin
de là où nous allions, mais papa m'a dit
que si j'étudiais un peu mieux à l'école,
je ne poserais pas des questions comme ça.*

Météo :

soleil pluie

nuages vent

Date :

Cette année, c'était vraiment chouette !

Ce que j'ai préféré

1.

2.

3.

Avec les copains, on a bien rigolé !

Météo :

soleil   pluie

nuages   vent

Date :

Let's speak English !

Relie les mots français aux mots anglais !

ICE CREAM	SOLEIL
SEE	GLACE
SUN	PLAGE
BEACH	AMIS
FRIEND	MER

Réponses : *ice-cream* : glace ; *see* : mer ; *sun* : soleil ; *beach* : plage ; *friend* : ami.

*Agnan s'en va en Angleterre passer ses vacances
dans une école où on va lui apprendre à parler l'anglais.
Il est fou, Agnan.*

Météo :   *Date :*

soleil pluie

nuages vent

Je suis prêt ! j'ai crié.

Météo :

soleil
pluie
nuages
vent

Date :

Les parents, quand ils partent en vacances, ils sont insupportables !

Météo :　　　　　　　*Date :*

soleil　　　pluie

nuages　　　vent

Le jeu des capitales

Remets les lettres dans l'ordre pour trouver
les noms des capitales de cinq pays d'Europe.

REMO

NÈSATHE

SIRAP

DADRIM

DRONLES

Réponse : Rome, Athènes, Paris, Madrid, Londres

Je voulais aller très loin, en Chine ou à Arcachon.

Météo :

soleil   pluie

nuages   vent

Date :

Le grand inventaire !

Qu'as-tu emporté dans ta valise ? Et qu'as-tu oublié ?

Maman m'a aidé à faire la valise, avec les chemisettes, les shorts, les espadrilles, les petites autos, le maillot de bain, les serviettes, la locomotive du train électrique, les œufs durs, les bananes, les sandwichs au saucisson et au fromage, le filet pour les crevettes, le pull à manches longues, les chaussettes et les billes.

Météo :

soleil

pluie

nuages

vent

Date :

Un monsieur a sorti sa tête toute rouge d'un compartiment et il a dit que si on n'arrêtait pas ce vacarme, il allait se plaindre à la SNCF, où il avait un ami qui travaillait dans une situation drôlement haute.

Météo :

soleil   pluie

nuages   vent

Date :

*Tout le monde a embrassé tout le monde
et le train est parti pour nous emmener à la mer.*

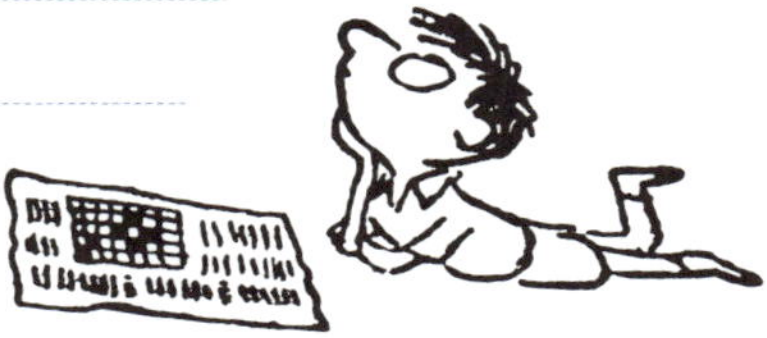

Les copains, c'est tous des guignols !

Dessine-toi avec tes copains

ou colle une photo

Où es-tu en vacances ?

Inscris sur la carte tous les lieux où tu es déjà allé en vacances.

Où aimerais-tu aller la prochaine fois ?

- *À la campagne ?* ....
- *À la mer ?* ....
- *À la montagne ?* ....
- *Chez tes grands parents ?* ....
- *Chez un(e) copain (copine) ?* ....
- *Ailleurs :* ....

....

....

On rigolait bien à crier et à faire des grimaces chaque fois qu'on voyait une voiture.

Météo :

soleil
pluie
nuages
vent

Date :

Pour rigoler

Une patate dit à l'autre :
- Ouais on va se faire griller à la plage !
L'autre :
- Chips alors !

Ah ! Quand je pense aux copains qui sont restés au bureau...

Météo :

soleil pluie

nuages vent

Date :

Le quiz marin

1. Combien d'heures y a-t-il entre deux marées ?
2. Comment les poissons respirent-ils sous l'eau ?
3. Quel est l'animal marin le plus gros ?
4. Quel est le plus rapide sous l'eau ?
5. Comment s'appelle l'appareil qui permet de descendre très profond dans les océans ?

Réponses : 1. Il y a environ 12 h 30 entre deux marées. 2. Les poissons respirent avec les branchies. 3. La baleine bleue (25 mètres, 140 tonnes). 4. L'espadon voilier (110 km/h). 5. Le bathyscaphe.

On va avoir l'air de guignols, sous l'eau, s'il n'y a pas de poissons !

Météo :

soleil pluie

nuages vent

Date :

*Avant tout, pour pêcher, il faut du silence, sinon,
les poissons ont peur et ils s'écartent !*

Météo :

soleil   pluie

nuages   vent

Date :

Moi, je veux faire des ricochets !

Météo :   **Date :**

soleil   pluie

nuages   vent

Devinette

Deux mères et deux filles achètent des glaces.
Elles n'achètent que trois glaces, et pourtant
elles en ont chacune une.
Pourquoi ?

Réponse : il s'agit de la grand-mère, la mère et la fille.

Vite ! Un cornet simple, vanille, pistache, fraise et framboise !

Météo :

soleil

pluie

nuages

vent

Date :

Le sais-tu ?

Pour parler comme un vrai matelot, quels termes utilise-t-on quand on navigue sur un bateau pour désigner la « gauche » et la « droite » ?

Réponse : gauche : « bâbord » et droite : « tribord ».

*Vous m'avez l'air un peu pâle, Capitaine.
Je parie que vous aurez le mal de mer avant moi !*

Météo :

soleil pluie

nuages vent

Date :

Un trou, c'est amusant à creuser, mais c'est embêtant à reboucher !

Météo :

soleil   pluie

nuages   vent

Date :

Ce qu'il y a de mieux à la plage, avec le sable, c'est la mer.

C'est drôlement chouette !

Dessine-toi en maillot de bain

ou colle une photo

Les mers du Monde

Connais-tu le nom des océans et des mers ?

1.
2.
3.
4.

Retrouve sur la carte : océan Atlantique, océan Indien, océan Pacifique, mer Méditerranée, mer du Nord, mer Noire, mer Baltique, golfe du Bengale, mer du Japon, mer de Corail, mer du Labrador, golfe du Mexique.

● 5. ....
6. ....
● 7. ....
.... 9. ●
● 8. ....

● 10. ....

●11. ....

.... 12. ●

Réponses : 1. mer du Labrador, 2. océan Atlantique, 3. golfe du Mexique, 4. océan Pacifique, 5. mer Baltique, 6. mer du Nord, 7. mer Noire, 8. mer Méditerranée, 9. mer du Japon, 10. golfe du Bengale, 11. océan Indien, 12. mer de Corail.

Météo :

soleil

pluie

nuages

vent

Date :

Devinette

On te l'a donné, il t'appartient.
Tu ne peux pas le prêter,
et pourtant ceux qui te connaissent l'utilisent.
Qu'est ce-que c'est ?

Réponse : ton prénom

- Je m'appelle Hector Duval, il a dit, et vous ?
- Nous pas, a répondu Fabrice, et ça, ça nous a fait drôlement rigoler.

Météo :

soleil   pluie

nuages   vent

Date :

Devinette

Quel insecte a donné son nom à une nage ?

Réponse : Le papillon

Les gars ! j'ai crié. On y va ! Le dernier à l'eau, c'est un guignol !

Météo :

soleil   pluie

nuages   vent

Date :

« Une histoire, chef ! Une histoire ! » nous avons tous crié !
Le chef s'est arrêté et il a demandé :
« Qui peut nous dire ce qu'est un vizir ? »

Météo :

soleil pluie

nuages vent

Date :

*Pour le camp bleu : « hip hip » et des tas de types ont répondu « hourra ».
Trois fois comme ça, très rigolo.*

Météo :

Date :

Repère toi !

Reproduis une rose des vents !

Le sais-tu ?

Le soleil se lève à l'est et se couche à l'ouest.
À l'instant où tu lis ces lignes, es-tu capable de repérer le nord ?

À pied, à travers les bois, sac au dos, comme des hommes !

Météo :

soleil pluie

nuages vent

Date :

Comment faire ton papier parchemin ?

- Laisse infuser du thé dans de l'eau bien chaude.
- Frotte le sachet de thé sur le papier jusqu'à obtenir la teinte voulue.
- Laisse bien sécher.
- Et pour plus d'effet : demande à un adulte de repasser la feuille avec un torchon entre le papier et le fer à repasser !

Ho hisse, fidèle équipage ! Moi, Barbe-Rouge, je vous conduis à l'abordage ! Carguez les voiles ! Tchaf, tchaf tchaf !

Météo :

soleil pluie

nuages vent

Date :

Moi, je sentais bien que cette nuit c'était pas comme les autres nuits.

Météo :

soleil   pluie

nuages   vent

Date :

À toi de jouer

Combien y a-t-il de personnages dans ce dessin ?

Réponse : 123

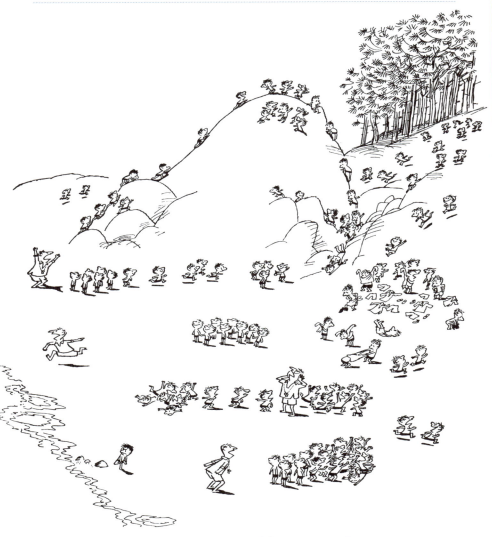

*Le chef a commencé à nous compter,
et ça n'a pas été facile !*

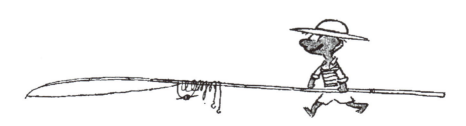

Les poissons, ça gonfle à la cuisson.

Dessine un gros poisson

ou une créature marine incroyable

Dessine un pays imaginaire

*Donne un nom à ce pays, aux villes et à ses habitants.
N'oublie pas de dessiner les fleuves et les montagnes.*

*Et puis, la France c'est très difficile à dessiner,
surtout à cause de la Bretagne, et le seul qui aime
faire des cartes de géographie c'est Agnan.*

Météo :

soleil pluie

nuages vent

Date :

Qu'est ce qu'on mange ?

J'aime :

Je n'aime pas :

Tu as découvert un plat terrible, note la recette !

Papa avait la figure toute noire, il était rigolo mais pas content.

Météo : Date :

soleil pluie

nuages vent

Le Petit Bac

Comme Nicolas et ses amis, lis bien la consigne donnée par le patron de l'hôtel. À toi de jouer :

« Je connais un jeu formidable, on prend tous du papier et un crayon, et moi je dis une lettre et il faut écrire cinq noms de pays, cinq noms d'animaux et cinq noms de villes. Celui qui perd aura un gage. »

Il arrive parfois en Bretagne que le soleil aille faire un petit tour sur la Côte d'Azur !

Météo :

soleil pluie

nuages vent

Date :

Alors, on peut le faire ce premier trou, oui ou non ?

Météo :

soleil   pluie

nuages   vent

Date :

*C'est rigolo de voir les photos sur écrans, moins rigolo que les films,
comme celui que j'ai vu l'autre soir avec papa,
et qui était plein de cow-boys, mais rigolo quand même.*

Météo :   Date :

soleil   pluie

nuages   vent

Remets de l'ordre !

1. Agir sur un coup de…   • jambes
2. Être obéi au doigt et à…   • tête
3. Avoir perdu sa…   • langue
4. S'enfuir à toutes…   • l'œil
5. Claquer des…   • dents

Réponses : 1. Agir sur un coup de tête 2. Être obéi au doigt et à l'œil 3. Avoir perdu sa langue 4. S'enfuir à toutes jambes 5. Claquer des dents

Ça vaut tous les os de dinosaure du monde, ce coquillage !

Météo :   **Date :**

soleil   pluie

nuages   vent

Sens dessus dessous !

Le savais-tu ? Léonard de Vinci écrivait sur ses manuscrits à l'envers pour ne pas être déchiffré ! La seule manière de le relire facilement était d'utiliser un miroir !

Toi aussi, essaie d'écrire ton message secret à l'envers ! Et vérifie face à un miroir que tu ne t'es pas trompé !

Entraîne-toi en déchiffrant ce message pour savoir où est parti le Petit Nicolas :

ꙅuꬶɒv nɒɿɿɘᴚ uɒ ꙅuov-ƹɘbnɘᴚ

Météo :

soleil   pluie

nuages   vent

Date :

*Et il y avait des filles, dans la colo ? m'a demandé Marie-Edwige.
Peuh ! j'ai répondu, bien sûr que non,
c'était trop dangereux pour les filles.*

Météo :

soleil
pluie
nuages
vent

Date :

Je suis heureux !

Devant nous, il y avait l'île des Embruns, elle était encore loin et c'était joli à voir, avec toute la mousse blanche des vagues.

Dessine

le plus beau paysage de tes vacances

Les mots croisés de René Goscinny

Réfléchis... c'est très facile. Tu lis la définition, tu comptes le nombre de cases blanches et tu mets le mot correspondant.

Horizontalement

- I. Renforce l'affirmation : oui.
Fait plaisir à un Soviétique.
Ainsi commence la dactylographie.
- III. Demi-cheval.
- V. En plein rodage.
Doublé, est dit par un enfant.
- VII. C'est la moitié d'une marotte.
Initiales de l'auteur de La Divine Comédie.
- VIII. Affirmation puérile de la volonté d'un enfant enrhumé.
- X. Acquiescement d'un Russe amical, mais bègue.

Verticalement

- 1. Début d'une école d'art et de littérature apparue vers 1917.
- 2. Sigle d'une Direction administrative.
- 3. Entendu parfois à l'ONU.
- 4. Cheval entier.
Morceau de datte.
- 6. Partie de Madagascar.
- 7. Cœur de salade.
Jamais entendu à l'OTAN.
- 10. Comme III horizontal, mais à l'envers.
Tête de Danton.

SI LES MOTS CROISÉS SONT TON DADA

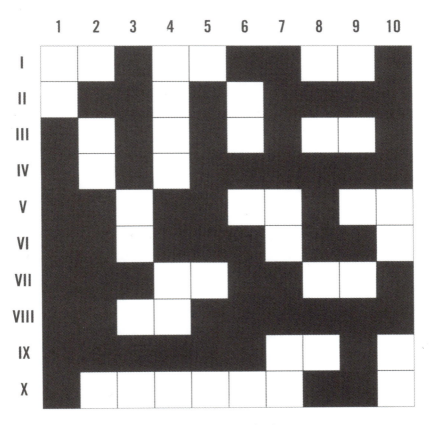

Grille inventée par René Goscinny

Solution :
Horizontalement : I. DA – DA – DA. III. DA. V. DA – DA. VII. DA – DA. X. DADADA.
Verticalement : 1. DA. 2. DA 3. DA 4. DADA – DA 6. DA 7. AD – DA 10. AD – DA.

Les vacances du Petit Nicolas

Tu as lu les livres, tu as vu le film... Teste tes connaissances !

1. Qui est le dessinateur du Petit Nicolas ?

- [ ] a-Sempé
- [ ] b-Uderzo
- [ ] c-Zep

2. Lequel de ces héros n'est pas de René Goscinny ?

- [ ] a-Le Petit Nicolas
- [ ] b-Astérix
- [ ] c-Boule et Bill

3. À l'école, quel est le surnom de M. Dubon, le surveillant général ?

- [ ] a-Le Potage
- [ ] b-La Soupe
- [ ] c-Le Bouillon

4. Comment s'appelle la voisine de Nicolas dont il est amoureux ?

- [ ] a-Marie-Chantal
- [ ] b-Marie-Edwige
- [ ] c-Marie-Amélie

5. Dans quelle région le Petit Nicolas passe ses vacances ?

- [ ] a-Au Pays basque
- [ ] b-Sur la Côte d'Azur
- [ ] c-En Bretagne

6. Comment s'appelle la ville de ses vacances ?

- [ ] a-Bains-les-Mers
- [ ] b-Juan-les-Falaises
- [ ] c-Plage-les-Pins

7. *Quel est le nom de l'hôtel ?*

- a-L'Hôtel de la Plage
- b-Le Beau-Rivage
- c-Le Palais du Soleil

8. *Comment Nicolas surnomme-t-il sa grand-mère ?*

- a-Mamie
- b-Mémé
- c-Mamidou

9. *Dans le film, quel acteur interprète le rôle du père ?*

- a-Kad Merad
- b-Gérard Jugnot
- c-Alain Chabat

10. *Qui est un copain du Petit Nicolas ?*

- a-Simon
- b-Fructueux
- c-Aymar

Réponses : 1-a 2-c 3-c 4-b 5-c 6-a 7-b 8-b 9-a 10-b

Mes nouveaux copains

*Écris les noms et les adresses de tes nouveaux amis.
N'oublie pas de leur donner ton adresse !*

Nom

Prénom

@

☎

Nom

Prénom

@

☎

Nom

Prénom

@

☎

Nom

Prénom

@

☎

Nom

Prénom

@

☎

Nom

Prénom

@

☎

Nom .... Nom ....

Prénom .... Prénom ....

✉ .... ✉ ....

....

@ .... @ ....

☎ .... ☎ ....

Nom .... Nom ....

Prénom .... Prénom ....

✉ .... ✉ ....

....

@ .... @ ....

☎ .... ☎ ....

Et c'est vrai qu'Alceste crie très fort, parce qu'il m'a fait mal à l'oreille, alors j'ai fait comme papa, et j'ai mis l'appareil loin de ma figure.

Le Petit Nicolas, les personnages, les aventures et les éléments caractéristiques
de l'univers du Petit Nicolas sont une création de René Goscinny et de Jean-Jacques Sempé.

© 2014 IMAV éditions / Goscinny - Sempé

Droits de dépôt et d'exploitation de marques liées à l'univers du Petit Nicolas réservés à IMAV éditions.
« Le Petit Nicolas » est une marque verbale et figurative déposée.
Tous droits de reproduction ou d'imitation de la marque et de tout logo interdits et réservés.

IMAV éditions
163, rue du Faubourg-Saint-Honoré, 75008 Paris
contact@imaveditions.com
www.petitnicolas.com
www.facebook.com/Lepetitnicolas

Maquette : Floriane Ricard

Photogravure : STIP'ART
Achevé d'imprimer par GPS en Slovénie en avril 2014

Dépôt légal : juin 2014

N° d'éditeur : 2-912732
ISBN : 978-2-915732-75-7